AF263394

LETTRE

DE P. L. RŒDERER,

DÉPUTÉ A L'ASSEMBLÉE NATIONALE,

A M. GARAT LE JEUNE,

DÉPUTÉ A L'ASSEMBLÉE NATIONALE;

Au sujet de l'article ASSEMBLÉE NATIONALE, *inséré dans le Journal de Paris du mardi* 20 *septembre* 1791.

Imprimée par ordre de la SOCIÉTÉ DES AMIS DE LA CONSTITUTION, séante aux Jacobins, le 24 septembre 1791.

A PARIS,

DE L'IMPRIMERIE DU PATRIOTE FRANÇOIS, Place du Théâtre Italien.

1791.

AVERTISSEMENT.

Du 24 septembre 1791.

*V*OICI *l'article du* Journal de Paris *dont il s'agit.*

« L'Assemblée Nationale eût achevé de conquérir
» l'opinion, et de la faire plier à des principes sages,
» si une défiance cruelle, si des soupçons injurieux
» n'avoient pénétrés parmi elle. De vils écrivains,
» profonds dans l'art de la calomnie, avoient lancé
» ces soupçons : quelques hommes aussi les ont re-
» cueillis ; l'envie et la médiocrité n'ont trouvé que
» trop de moyens de les répandre. On n'a voulu
» voir dans des tribunes qui avoient été utiles, et
» qui devoient avoir la noble ambition de l'être en-
» core, qu'une coalition inquiétante, qui vouloit faire
» servir les hommes et les lois à ses desseins, à
» ses intrigues. Peut-être la Constitution doit-elle à
» cette défiance une de ses plus grandes imperfec-
» tions ; mais à coup sûr l'Assemblée lui doit l'es-
» pèce de défaveur où elle est tombée, et ce cri
» général qui a semblé appeler ses successeurs avec
» tant d'impatience. »

*Ma lettre sur cet article a été écrite le 22, à la campagne.
Je m'étois proposé de l'adresser aujourd'hui à M. Garat, et
de la faire imprimer dans les papiers publics ; mais hier 23,
à mon retour à Paris, m'étant rendu à la séance des amis*

de la constitution, où l'on s'étoit plaint plusieurs fois de la persévérance de plusieurs papiers publics dans les principes les plus anti-constitutionnels, et du refroidissement de quelques papiers patriotes, je proposai à la société d'entendre la lecture de ma lettre. La société témoigna le désir de m'entendre; alors un membre observa que M. Garat, dans le journal de ce jour même, désavouoit les numéros des 20 et 21 septembre, et les déclaroit contraires à ses principes. Ce fait excita de vifs applaudissemens dans la société; on voulut néanmoins que je fisse la lecture annoncée, et je la fis. La société, après l'avoir entendue, crut que ma lettre renfermoit des vérités utiles; elle en ordonna l'impression, avec un Avertissement préliminaire qui annonçât le désaveu de M. Garat, et la satisfaction qu'elle a ressenti.

Pour moi personnellement, je déclare que ma lettre m'a paru sans utilité dès que j'ai appris que ce n'étoit pas M. Garat que je combattois. Je ne sais qui est l'auteur du numéro dont il s'agit; mais, 1°, son opinion, très-mauvaise en elle-même, importe peu dès qu'elle n'est pas soutenue par un nom honorable. 2°. Le désaveu de M. Garat en est une réfutation suffisante. 3°. Il est peu délicat à l'auteur, quel qu'il soit, de n'avoir pas annoncé lui-même qu'un article entièrement opposé aux principes de M. Garat, écrit dans un journal que fait M. Garat, n'étoit pas de lui, et les honnêtes gens le sentiront assez. 4°. L'auteur n'est évidemment qu'un écrivain de l'aristocratie coalitionnée; et si c'est lui qui doit succéder à M. Garat pour la rédaction du journal de Paris, je réponds qu'aucun patriote ne daignera désormais prendre la plume pour en réfuter les articles,

LETTRE

De P. L. Rœderer à M. Garat le jeune.

Paris, 2z septembre 1791.

Vos plus tendres amis, mon cher collègue, sont affligés de l'article que vous avez inséré avant-hier dans le Journal de Paris.

On pourroit croire, en le lisant, qu'il n'y a eu dans l'assemblée nationale, ni intrigue, ni ambition, ni corruption, ni coalition, et qu'au contraire elle a été travaillée par la calomnie, l'envie, les haines gratuites, les défiances injustes ;

Que les membres de l'assemblée nationale, livrés aux soupçons, ont été très-purs, et au contraire la majorité très-condamnable ;

Que les fautes de l'assemblée, les imperfections de l'acte constitutionnel viennent de la majorité, et que la rectitude de conduite, la parfaite pureté de principes nous seroit venue des hommes accusés d'intrigue et d'ambition, si on ne les eût écartés par des défiances coupables.

Or rien n'est moins vrai que tout cela.

Je conçois comment un homme pur et sensible, tel que vous, un homme incapable de bien comprendre un vice, et compâtissant à toutes les souffrances, ne voit jamais, dans des coupables punis, que des malheureux à délivrer ; j'ai aussi éprouvé ces mouvemens naturels aux bons cœurs de se soulever violemment contre les attentats, et ensuite contre les châtimens qui en sont le prix, contre les hommes qui font

A 3

mal, et ensuite contre les juges qui les punissent. Mais, mon cher collègue, il n'est pas permis aux hommes publics de se livrer à ces mouvemens. La compassion individuelle doit céder à la justice, qui est la compassion publique, attentive aux hommes de tous les temps et de tous les lieux.

Je vous le dirai sans détour : non-seulement votre article est inexact, mais encore son inexactitude peut affoiblir le respect dû à la constitution, blesser la justice due aux honnêtes gens de l'assemblée nationale, soustraire le petit nombre des pervers à un châtiment mérité, priver les législatures à venir d'une leçon importante, enlever à l'histoire, qui recueillera ce que vous avez écrit, le tableau de nos vices anciens, aux prises avec nos vertus nouvelles, et tâchant de les étouffer ; faire perdre enfin aux peuples de tous les âges, qui voudront passer de la servitude à la liberté, l'exemple des obstacles qu'ils ont à craindre, des ressources qu'ils ont à faire valoir.

Croyez-moi, ne cherchons point à épargner de la honte quelques hommes méprisables, lorsqu'il est de l'honneur de la France, de l'intérêt de toutes les nations de les en couvrir : ne cherchons point à amortir une haine qui est la vengeance de la morale, et fait la sûreté de la vertu. Ne laissons pas nos successeurs indécis sur le choix de leurs modèles; séparons soigneusement d'eux des hommes dangereux qui nous ont tourmentés, et interceptons toutes leurs traditions : donnons au monde entier, qui nous le demande, l'exemple de tous les genres de vigueur qui caractérisent la liberté, et ne compromettons pas sa dignité par une indulgence presque complice pour les vices attachés à la servilité. Enfin, laissons les pouvoirs constitués condescendre à des amnisties. L'opiuion publique, les écrivains qui en sont les organes, doivent être inflexibles comme la raison, quand ils sont d'accord avec elle.

Vous dites que de vils écrivains, profonds dans l'art de la calomnie, ont lancé des soupçons injurieux sur plusieurs membres de l'assemblée; que ces soupçons, recueillis par quelques hommes irrités, ont ensuite été répandus par l'envie et la médiocrité.

Mon cher collègue, les soupçons jetés sur les hommes dont vous parlez, l'ont été par eux-mêmes : divisés pendant deux ans, chaque jour ils se sont dénoncés, déchirés réciproquement. Qui a accusé les uns d'être des intrigans ministériels, les autres d'être des intrigans factieux? Ce sont eux - mêmes. Ces injures, dites - vous, étoient gratuites, étoient de viles calomnies. Eh bien ! dès qu'ils en étoient les auteurs, si ce n'est pas comme hommes factieux, ou vénaux, que le mépris doit les frapper, c'est comme méchans, comme imposteurs malfaisans, *comme vils écrivains, profonds dans l'art de la calomnie* (ce sont vos termes; c'est ainsi que vous qualifiez ceux qui les ont livrés aux soupçons de l'assemblée nationale et du public). Ainsi ils ne gagneront rien à échanger les titres que nous leur avons reconnus, et qu'ils se sont donnés, contre ceux que leur offre votre article.

Mais non, ils ne se sont pas calomniés; car ils se sont réunis sans désavouer, sans rétracter leurs mutuelles imputations; ils se sont coalisés : tout chargés du poids de leurs accusations, et encore meurtris des coups qu'ils s'étoient portés, sans se soulager par la moindre expression de regret, par un seul mot de désaveu, ils se sont embrassés comme des pervers qui se redoutent, non comme d'honnêtes gens qui s'estiment.

Il n'est pas vrai non plus, mon cher collègue, que ce soit l'envie ou la médiocrité qui ayent recueilli et répandu les soupçons que ces hommes ont jetés les uns sur les autres; c'est la probité clairvoyante, c'est le civisme indigné. Mirabeau, qui a toujours abhorré les chefs de la coalition, a-t-il jamais eu quelque chose à leur envier? a-t-il été un homme médiocre, et sont-ils des hommes supérieurs? Eh! pourquoi accuser ici la médiocrité, toujours plus facile à subjuguer qu'à susciter? La probité pouvoit-elle rester muette au milieu des infamies? Le patriotisme pouvoit-il voir paisiblement l'abus, la souillure de la puissance nationale mise en dépôt entre les mains des représentans du peuple? Non, mon cher collègue, non. Vous le savez : si la nature a placé au-dessous du talent la médiocrité envieuse qui l'inquiète par des sifflemens ou des murmures, elle a aussi placé au-dessus de lui la vertu éminente, qui, par la censure, le retient dans ses écarts, le châtie dans ses abus, et fait entendre au loin cette voix tonnante qui annonce des droits et des forces au-dessus desquels il n'existe rien.

Et après tout, quelles voix s'élèvent donc pour justifier les coalitionnaires? Les leurs, celle de chacun d'eux pour sa propre défense, et pas d'autres. Eh bien! prétendez-vous qu'on croye davantage chacun d'eux, quand il dit du bien de lui-même, que quand il disoit du mal de son collègue qui le lui rendoit avec usure? Prenez-y garde; si vous persistez à dire que la médiocrité envieuse peut seule recueillir et répandre les accusations dont ils ont été accablés , on vous répondra que la médiocrité subjuguée peut seule être dupe de leur apologie.

Vous avancez , mon cher collègue, que la constitution *doit une de ses plus grandes imperfections* à la défiance dont la coalition a été l'objet. Je n'entends pas ce que vous voulez dire. Je pense d'abord , et je pense intimement que l'assemblée nationale n'a rien fait par défiance ni par confiance ; et ce qui le prouve , c'est qu'elle a alternativement embrassé et rejeté les opinions de ses comités de révision et de constitution. En second lieu , je vous demande ce que vous appelez imperfection , dans quel article vous trouvez l'imperfection dont vous parlez ? Pendant la révision , il ne s'est élevé de débats entre une partie de l'assemblée et la coalition, que sur un petit nombre d'objets ; et je pense que tous les articles sur lesquels l'opposition a prévalu, sont l'honneur ou la sûreté de la constitution ; et au contraire, que ceux que la coalition y a fait insérer , l'omission de ceux qu'elle en a supprimés, en font les seules imperfections. Ainsi, en admettant que la confiance ou la défiance eussent présidé à nos décisions , ce seroit la confiance qui auroit fait le mal , et la défiance qui auroit fait le bien. Voici mes preuves.

Lorsque l'assemblé nationale , contre les premières notions du système représentatif , a accordé à M. Barnave que le roi étoit représentant de la nation ; à M. Duport, contre le principe de la division des pouvoirs , que le droit de faire grace , droit par lequel la justice est divisée entre le roi et les tribunaux , ne devoit pas être aboli constitutionnellement ; à M. Dandré et à M. Barnave encore, malgré le principe de la souveraineté nationale , que la nation n'auroit d'autre moyen que le silence forcé pour consentir et ratifier la constitution ; et l'insurrection , soit pour changer , soit pour rétablir cette même constitution , qui établit la loi martiale contre l'insurrection , certainement ce n'est ni en haine de la coalition , ni par défiance pour elle , que l'assemblée nationale a fait ces décrets que bien des gens raisonnables peuvent appeler les imperfections de la constitution.

D'un autre côté , quand l'assemblée nationale a rétabli dans la constitution les bases du système administratif, que la coalition en avoit fait disparoître ; quand elle nous a préservés des intendans , dont cette coalition avoit ménagé le retour ; quand elle a soustrait à l'influence ministérielle les finances publiques , en refusant au roi l'initiative qu'on vouloit lui donner en matière de contribution ; quand elle a empêché , par le décret qui oblige chaque département à choisir ses députés dans son sein , que la liste civile ne pût faire nommer , par la corruption d'un seul corps électoral , tous les hommes à talens vénaux , dont la cour auroit besoin ; quand encore , par le décret qui interdit plus de deux élections consécutives à la législature , elle a empêché une même intrigue de se perpétuer dans toutes les législatures d'un siècle entier , et quelques orateurs de se former une domination à côté du trône , en étendaut ses prérogatives ; quand enfin , en excluant pendant deux ans les députés du ministère , elle a assuré la paisible activité des législatures , la force doucement énergique du pouvoir exécutif , la pureté et la puissance des lois ; en un mot , quand l'assemblée nationale a fait tant de décrets utiles, écarté tant de décrets funestes, ç'a été contre le gré et au mépris des manœuvres de la coalition. Ainsi, en admettant que la défiance seule eût suscité l'opposition qui s'est élevée contre les coalitionnaires, il faudroit la bénir mille fois, comme une source de biens importans.

Comment se peut-il, mon cher Garat, que les faits que je vous rappelle soyent sortis de votre mémoire ? Votre journal les a si exactement rapportés, et a si fortement exprimé les impressions qu'ils vous ont faites ! Sachez que vous avez écrit pour l'histoire, et qu'il ne vous est pas aussi facile de faire oublier ce que vous avez écrit, que de l'oublier vous-même ; songez que vous aussi vous appartenez à l'histoire, et que la postérité saura bien vous distinguer au milieu de cette législature où la médiocrité a tant parlé, et où tant de talens ont été réduits au silence.

Persévérez donc dans votre première justice pour l'assemblée nationale, contre les hommes qui ont affoibli sa considération ; apprenez enfin à haïr les gens dépravés, comme les honnêtes gens savent vous aimer, et laissez les coalitionnaires s'enfoncer dans le mépris, de tout le poids de leur inviolabilité.

RŒDERER.

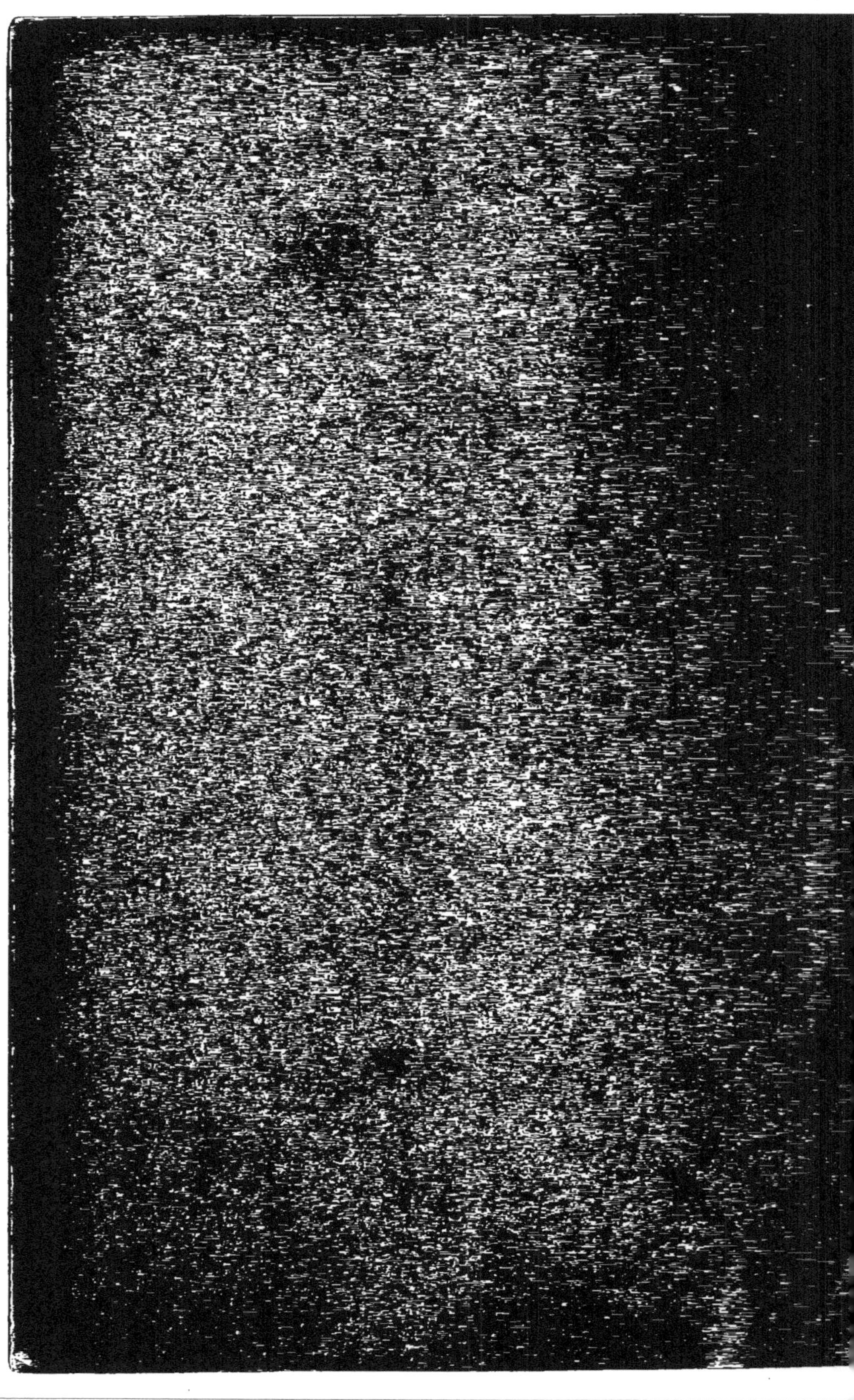

www.ingramcontent.com/pod-product-compliance
Lightning Source LLC
Chambersburg PA
CBHW050728070726
47597CB00009B/3831